백명식 글·그림

강화에서 태어나 서양화를 전공했고, 출판사 편집장을 지냈습니다. 어린이들이 좋아하는 책을 쓰고 그릴 때 가장 행복합니다. 그린 책으로는 《자연을 먹어요(전 4권)》《WHAT 왓? 자연과학편(전 10권)》 시리즈, 《책 읽는 도깨비》 등이 있으며, 쓰고 그린 책으로는 《돼지 학교(전 40권)》《인체과학 그림책(전 5권)》《맛깔나는 책(전 7권)》《저학년 스팀 스쿨(전 5권)》《명탐정 꼬치의 생태 과학(전 5권)》 시리즈 등이 있습니다. 소년한국일보 우수도서 일러스트상, 소년한국일보 출판부문 기획상, 중앙광고대상, 서울 일러스트상을 받았습니다.

천종식 감수

서울대학교 미생물학과를 졸업하고 영국 뉴캐슬대학교 의과대학 미생물학과에서 이학박사 학위를 받았습니다. 강화도 갯벌, 남극 세종기지, 독도로부터 새로운 미생물을 찾아 현재까지 200여 편의 학술 논문을 통해 국제 공인을 받았으며, 국내외의 자연계로부터 새롭고 다양한 미생물을 찾는 전문적인 미생물 사냥꾼으로도 알려져 있습니다. 미국 메릴랜드대학교 해양생명공학연구소 연구원, 한국생명공학연구원 선임연구원을 거쳐 2000년부터 서울대학교 생명과학부에서 교수로 학생들을 가르치고 있습니다. 바이오벤처 천랩(www.chunlab.com)의 창업자이며, 현재 한국과학기술한림원(www.kast.or.kr)의 정회원입니다. 저서로《고마운 미생물, 얄미운 미생물》 등이 있습니다.

 ① 박테리아

백명식 글·그림 | 천종식 감수

1판 1쇄 발행 2017년 4월 15일 | 1판 2쇄 발행 2018년 3월 9일 | 펴낸이 정중모 | 펴낸곳 파랑새 | 등록 1988년 1월 21일(제406-2000-000202호)
주소 경기도 파주시 회동길 152 | 전화 031-955-0670 | 팩스 031-955-0661~2 | 홈페이지 www.bbchild.co.kr
전자우편 bbchild@yolimwon.com | ISBN 978-89-6155-728-3 74470, 978-89-6155-727-6(세트)

ⓒ백명식, 2017

· 책값은 뒤표지에 있습니다.
· 저작자와 출판사의 허락 없이 이 책의 일부 또는 전체를 인용하거나 발췌하는 것을 금합니다.

어린이제품안전특별법에 의한 제품 표시
제조자명 파랑새 | 제조년월 2018년 3월 | 제조국 대한민국 | 사용연령 6세 이상

미생물 탐정이 책
① 박테리아

백명식 글·그림 | 천종식 감수

파랑새

아주 먼 옛날, 지구에는 아무것도 살지 않았어.
지구는 무시무시한 곳이었어.
뜨거운 불덩이가 이글거리고 날마다 화산이 폭발했지.
하늘은 독가스로 가득했고 말이야.
그런데 이런 열악한 곳에서 생명체가 생겨났지.
바로 나 박테리아야!

내가 어떻게 생겨났는지에 대해서는 과학자마다 주장이 달라.
어떤 과학자는 먼 우주에서 날아왔다고 해.
또 어떤 과학자는 지구 어느 한곳에서 저절로 생겨났다고 하지.
하지만 내가 어떻게 지구에 살게 되었는지는
아직까지도 정확히 밝혀지지 않았어.

독가스

나는 아주 작은 생물이야.

내가 처음 지구에 살기 시작했을 때,

지구에는 산소가 없었어.

산소가 없어도 난 살 수 있거든.

사람 몸에는 100조 개가 넘는 박테리아가 살고 있어.

그야말로 박테리아 천국이지.

그런데 더 놀라운 사실은 사람 몸속에는

나보다 10배나 많은 미생물이 살고 있다는 거야.

정말 엄청난 수지?

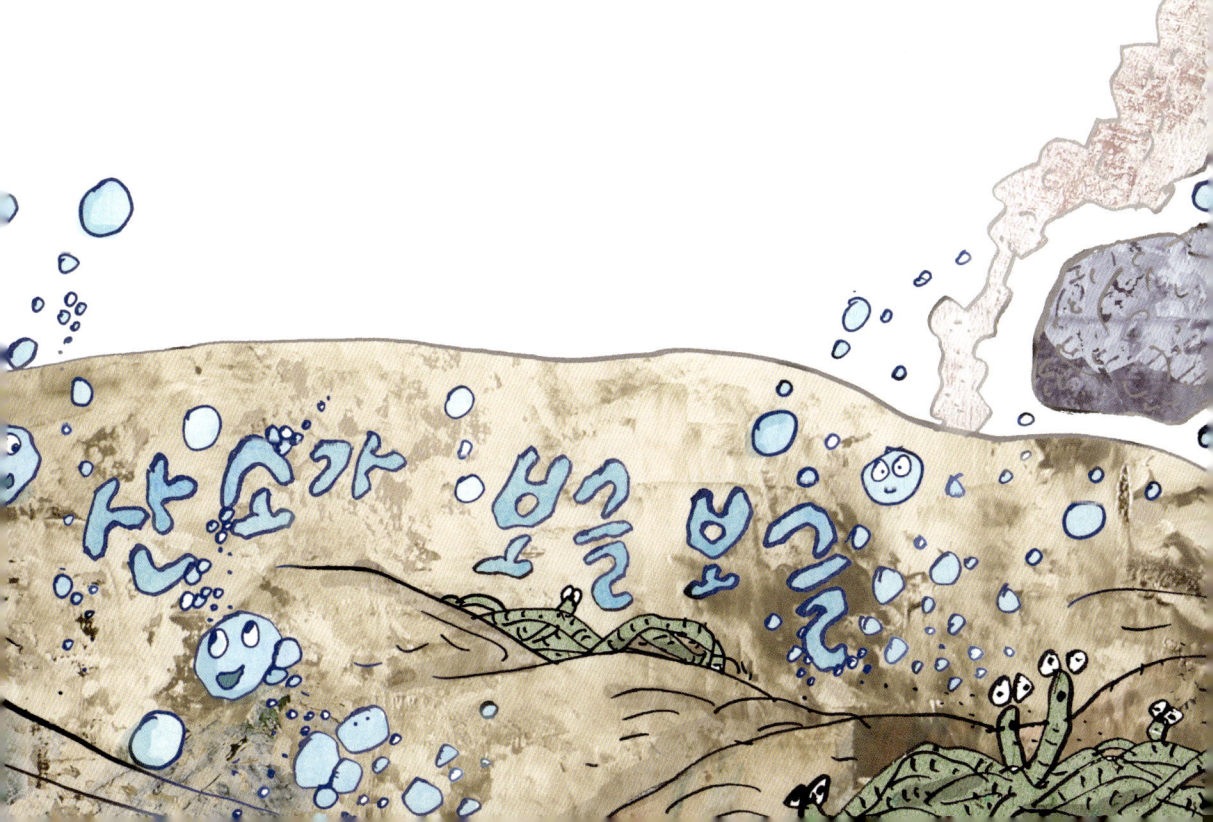

나는 아주 작아서 사람들 눈에 안 보여.
물론 나보다 더 작은 친구들도 있지만 말이야.
사람들이 나를 보려면
현미경으로 들여다보아야 해.
지구에 사는 생명체들이 모두 사라져도
우리 박테리아는 살아남을 거야.
나는 태어나자마자 몇십 분이 지나면
나와 똑같은 자식을 수없이 만들어 내거든.

하나의 세포가 두 개로 나누어지네.

한 마리가 두 마리가 되고,
두 마리가 네 마리, 네 마리가 여덟 마리,
여덟 마리가 열여섯 마리……
자꾸자꾸 늘어나지.
아마 하루 사이에 한 마리가 수천억 마리가 될 거야.
내가 생각해도 너무 엄청난 것 같아.

나는 뛰어난 유전 공학자이기도 해.
유전 공학자들이 오랜 시간 연구하는 것들을
식은 죽 먹듯 뚝딱 해결하거든.
놀라운 사실 하나 알려 줄까?
나는 아주 오래전부터 유전자 조작을 마음대로 했어.
내가 가지고 있는 유전자를
다른 박테리아 친구에게 전달할 수 있거든.
박테리아끼리는 유전자를 서로
바꿔 가질 수 있어.
유전자를 바꾸다가 괴상하고 이상한 친구들이
만들어지기도 하지만 말이야.

35억 년 전 쯤, 내가 처음 태어났을 때
지구에는 먹을 게 하나도 없었어.
난 햇빛과 물, 이산화탄소를 먹었지.
그런데 놀라운 일이 벌어졌어.
내가 광합성을 하게 된 거야.
광합성은 식물이 하는 것으로 알고 있지?
하지만 난 식물보다 훨씬 먼저 광합성을 했어.
그 덕분에 박테리아 수가 엄청나게 늘어났지.
우리가 싼 똥이 하늘을 뒤덮을
정도로 말이야.

더럽다고? 천만에, 우리가 싼 똥은 깨끗하고 신선해.
그 똥이 바로 산소거든.
산소 덕분에 오존층도 생겼어.
오존층은 해로운 자외선으로부터 지구를 보호하지.
우리 박테리아 조상이 싼 똥이 커다란 우산이 되어,
지구에 많은 생명이 살 수 있게 한 거야.

나는 엄청 먹어 대는 대식가야.
무엇이든 닥치는 대로 먹지.
썩은 음식이나 동물의 사체, 노폐물까지 모조리 말이야.
만약 내가 이렇게 먹지 않았다면,
지구는 쓰레기 더미가 되었을 거야.
결국 내가 지구의 청소부인 셈이지.
그런데 난 맛난 음식도 만들어.
훌륭한 요리사라고도 할 수 있지.

요구르트나 치즈, 김치,
된장, 간장 등이
바로 내가 만든 음식들이야.
이런 음식을 만드는 날 사람들은
젖산균 또는 유산균이라고 불러.
그리고 내가 음식을 만드는 과정을
'발효'라고 해.
참, 우리가 매일 먹는 김치도
발효 음식이야.

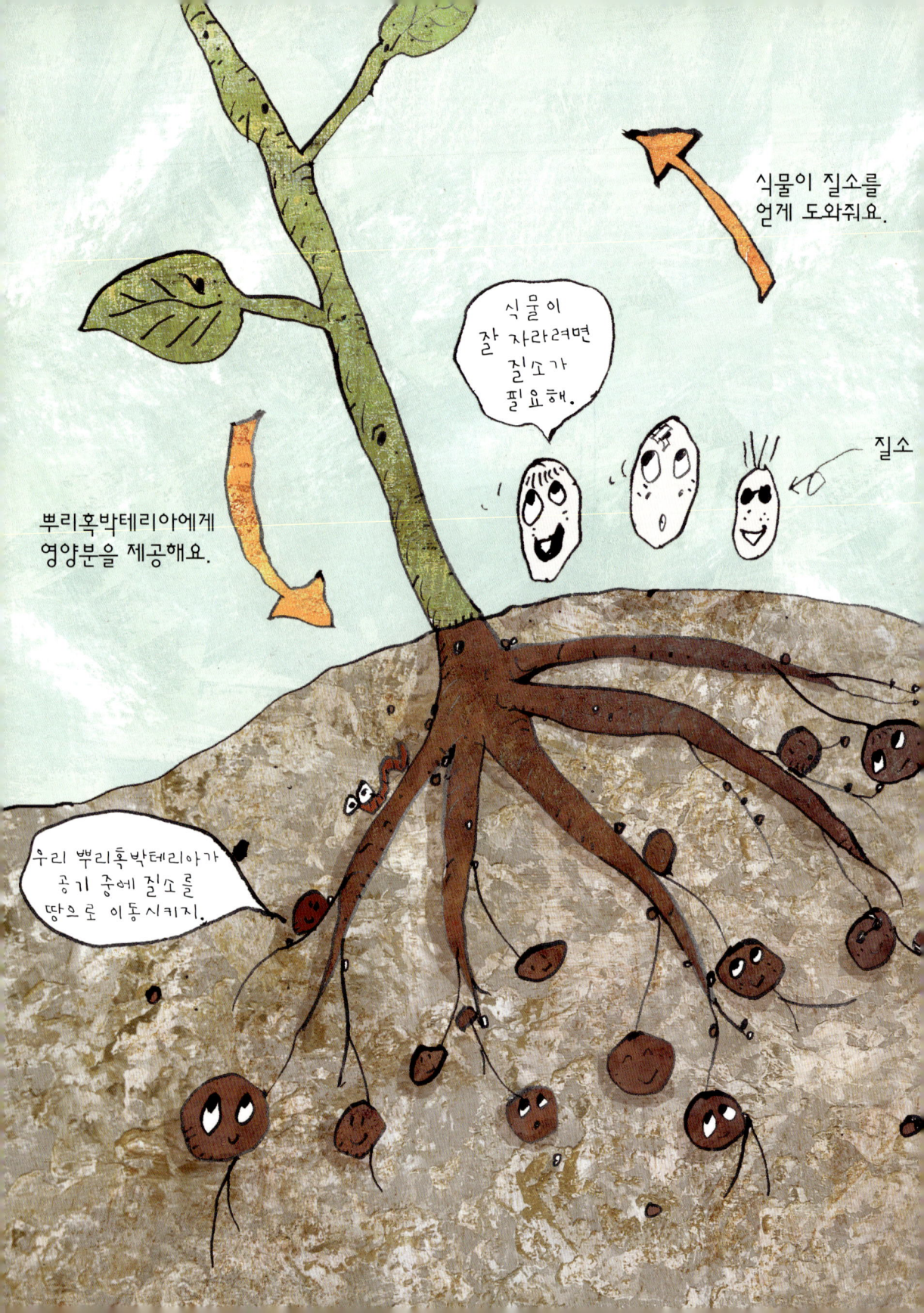

우리 박테리아는 식물에게 꼭 필요한 존재야.

식물이 잘 자라려면 질소 영양분이 필요한데,

그걸 우리가 얻게 도와주거든. 어떻게 돕느냐고?

공기 중에 있는 질소는 식물이 바로 이용할 수 없어.

그래서 우리가 식물이 이용할 수 있는 암모니아로 바꾸어 줘.

'뿌리혹박테리아'가 이 일을 해.

이렇게 질소 영양소를 식물에게 가져다주면,

식물은 고마움의 표시로 우리에게 양분을 줘.

서로서로 돕는 거야.

물론 식물을 잘 자라게 하기 위해서

질산염 화학 비료를 사용할 수도 있어.

하지만 화학 비료보다 우리가 만든 자연 질소가 훨씬 이로워!

우리 박테리아들은 모두 멋쟁이야.
붉은색, 흰색, 노란색 등
울긋불긋 저마다 멋을 내지.
하지만 색깔이 거무튀튀하고
지저분한 색을 지닌 친구들도 있어.
음식이 썩으면서 지저분하고
거무스름하게 변한다면
바로 이 친구들 때문이야.

난 어디서든 살 수 있어.
하늘에 둥둥 떠 있는 구름에서도 살고,
펄펄 끓는 물이나 짠 바닷물에서도 살아.
사람의 피부나 콧구멍,
머리카락 등 사람 몸 밖이나
몸속 모든 곳에서 살지.

사람이 들고 다니는 핸드폰이나
화장실 변기에도 살고,
돌처럼 굳어진 페인트에서도 살아.
심지어 금속을 녹이는 황산에서도 살지.
우주여행을 다녀온 박테리아도 있어.
달에 설치해 둔 카메라 렌즈 속에 있었던
연쇄구상균이란 박테리아는
죽은 줄 알았는데 지구로 돌아오자마자
다시 빨딱 살아났지!

뉴멕시코 주에 있는 소금 광산 지하 600미터에서 발견된
박테리아는 자그마치 2억5000만 년이나 살았대.
힘든 환경을 견디기 위해 최대한 움직이지 않고
죽은 듯이 지내면서 말이야.

시베리아의 꽁꽁 얼어붙은 땅에서 300만 년을,
통조림 속에서 118년을, 맥주병 속에서 166년을
살아남은 박테리아도 있어.
정말 대단하지!

1억 년이 지났는데, 아직도 자다니!

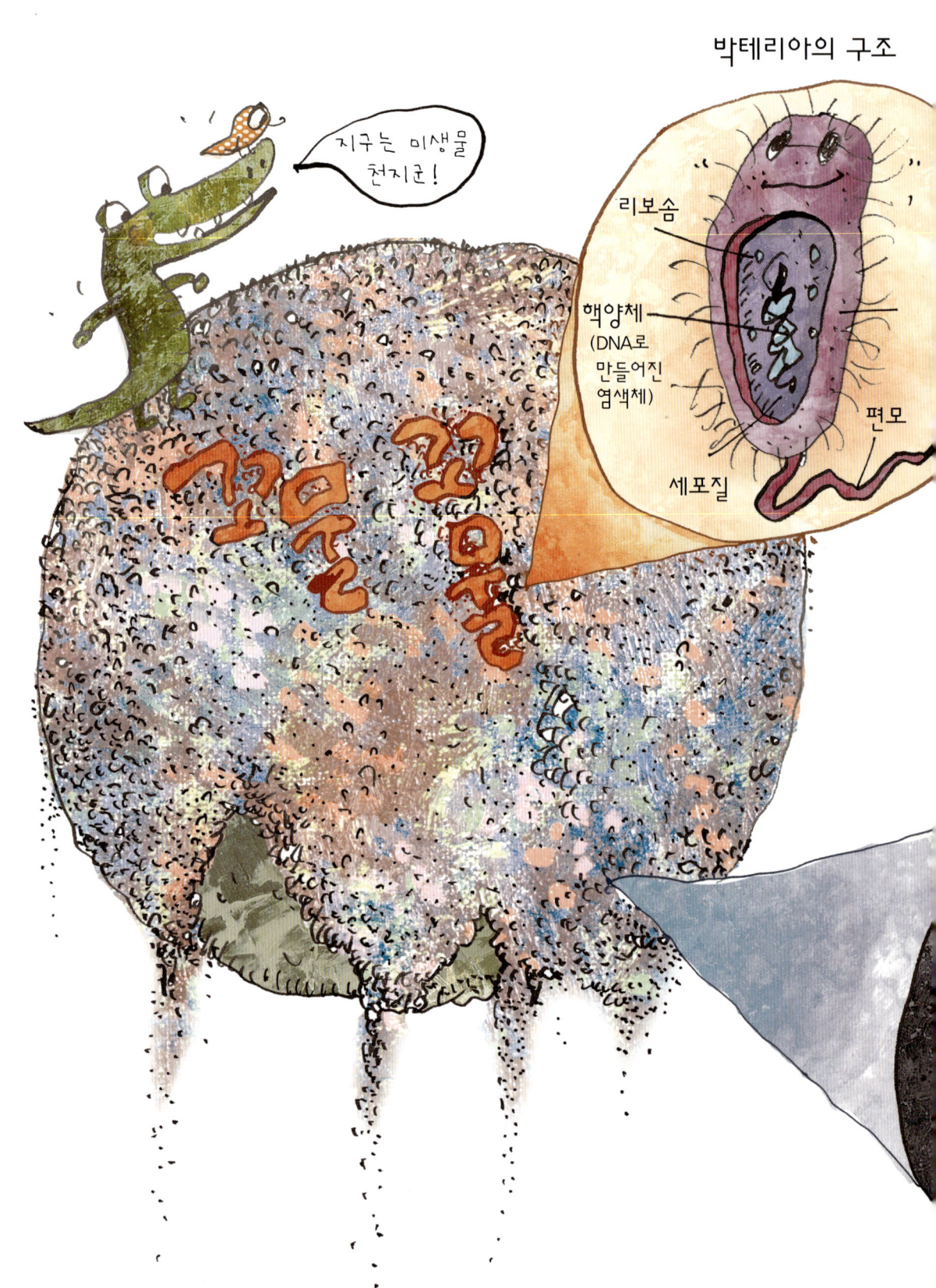

우리 박테리아 수가 얼마나 되느냐고?
흙 1그램 속에는 4000만여 마리,
물 1밀리리터에는 100만여 마리가 넘는 박테리아가 살고 있어.
사람 몸에 사는 박테리아도, 사람의 세포 수보다 많아.
지구에 사는 생물의 80퍼센트를 박테리아가 차지하고 있다고 해.
그 수가 무려 10의 29승이라고 해. 10을 29번 곱한 수지.
이것을 숫자로 나타내면 아래와 같아.
100,000,000,000,000,000,000,000,000,000
눈이 뱅뱅 돈다고? 맞아.
우리 박테리아는 눈이 뱅뱅 돌 정도로
그 수가 정말 어마어마해!

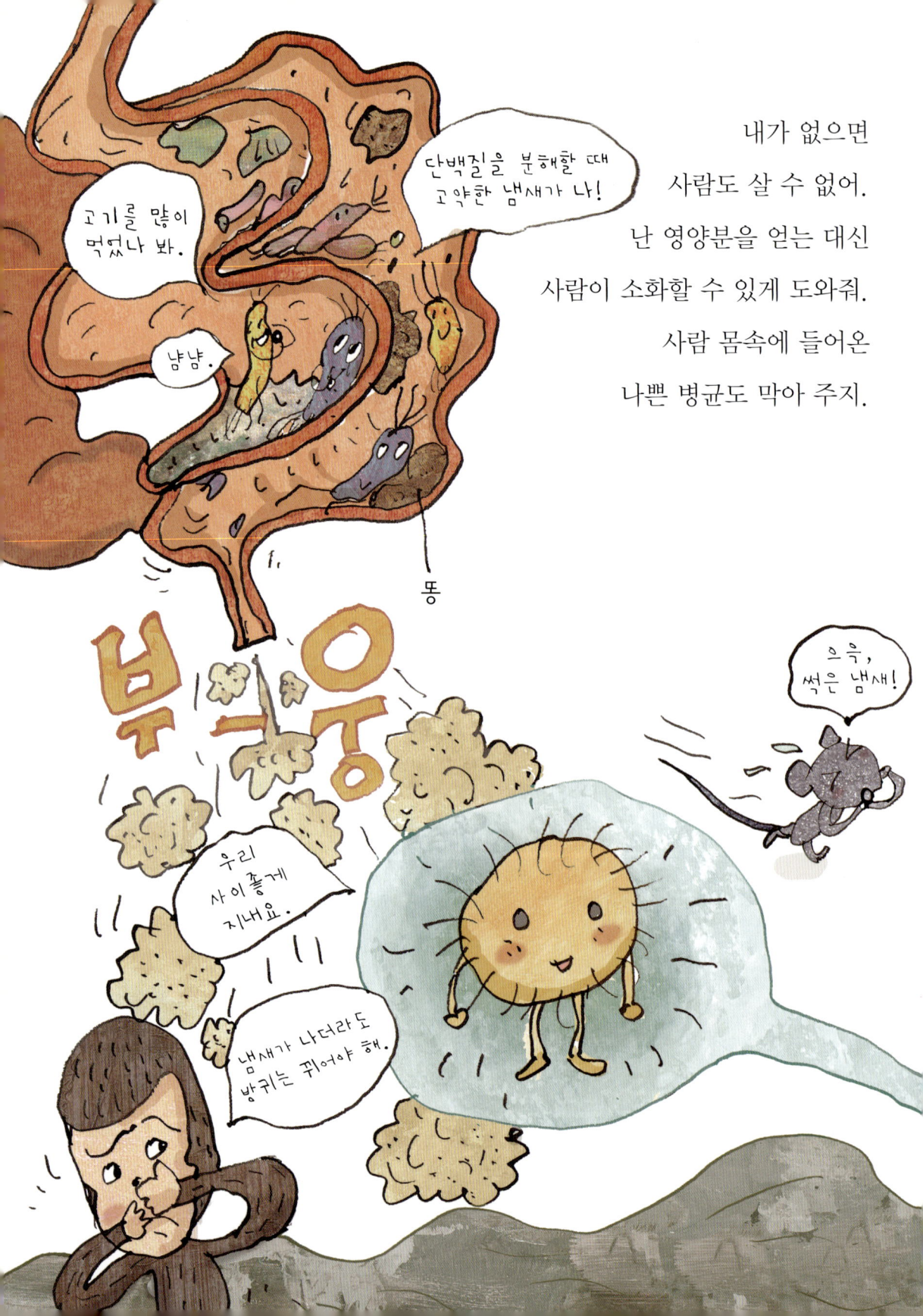

재미난 이야기 하나 해 줄까?
사람은 보통 하루에 열네 번 방귀를 뀌어.
방귀를 끼지 않으면 금세 탈이 나거든.
그런데 이 방귀를 끼게 해 주는 게
바로 장에 사는 박테리아라는 사실!
참, 똥 치료법이라고 들어 봤니?
말 그대로 똥을 이용한 치료법이야.
건강한 사람의 똥에 있는 박테리아를
장염에 걸려 설사하는 환자의 장에
이식하는 치료법이지.
좀 지저분하긴 하지만 획기적인 발상이지?

우리 박테리아는 사람에게 좋은 친구야.
하지만 질병을 일으키는 녀석들도 있어.
'헬리코박터 파일로리'라는 녀석은
사람의 위 속에 살면서 염증을 일으켜.
심지어 위암으로 만들기까지 하지.

그런데 요즘에는 정말 무시무시한 녀석이 나타났어.
바로 슈퍼박테리아야.
이 녀석은 말썽쟁이 박테리아를 없애는 항생제에도
끄떡없거든.

여기서 잠깐!

박테리아를 볼 수 있는 현미경은 누가 만들었을까?

현미경은 네덜란드의 안경 제조업자인

한스 얀선과 자카리아스 얀선 부자가 1595년에 처음 만들었어.

그 뒤에 우주의 신비를 벗긴 과학자 갈릴레오 갈릴레이가

오늘날 우리가 사용하는 광학 현미경의 기본 구조를 완성했지.

갈릴레이는 아주 작은 세계를 보는 현미경뿐만 아니라

저 멀리 있는 우주를 보는 망원경도 만들었어. 정말 대단하지!

그럼 나를 처음 본 사람은 누굴까?
바로 레이우엔훅라는 과학자야.
레이우엔훅은 1675년 자신이 만든 현미경으로
무얼 볼지 고민했어.
그러다가 자신의 치아에 낀 치석을
살짝 긁어서 현미경으로 봤지.
그랬더니 그 안에 수많은 벌레들이
우글대는 게 아니겠어.
그게 바로 우리 박테리아였지.

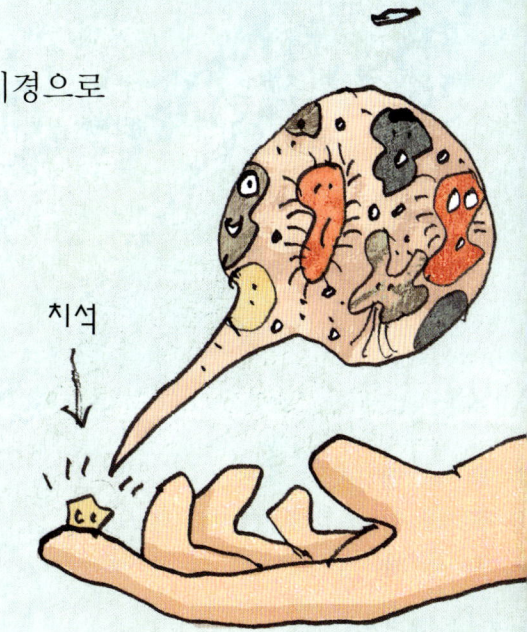

이 우글대는 벌레들 좀 봐.

치석

내가 만든 망원경으로 관찰한 박테리아야.

조질 나시

렌즈

관찰 대상을 올려놓는 곳

난 하나의 세포로 만들어진 단세포 생물이야.
단세포 생물은 대부분 무성 생식을 해.
무성 생식은 암수가 없이도 번식하는 걸 말해.
나는 나와 똑같은 유전자를 가진 세포를 만들어서
자손을 퍼뜨려. 이걸 '분열법'이라고 해.
만약 박테리아가 20분마다 분열한다고 치면,
한 개의 박테리아가 20분 뒤에는 2개가 되고,
40분 뒤에는 4개, 60분 뒤에는 8개, 80분 뒤에는 16개,
100분 뒤에는 32개, 120분 뒤에는 64개, 140분 뒤에는
128개……
박테리아 하나가 하루에 몇 개로 불어나나 한 번 계산해 봐!
깜짝 놀라 뒤로 자빠질지 몰라.

쿵쿵쿵! 모든 사람에게서는 냄새가 나.
그 냄새를 만드는 게 바로 우리 박테리아야.
우린 사람 피부에서 나오는 찌꺼기를 먹고, 분비물을 내보내.
이 분비물은 아주 가벼워서 공기 속으로 날아가지만
여러 가지 냄새를 만들어.
향긋한 냄새도 있지만 고약한 냄새가 더 많아.
발 냄새, 땀 냄새 등이 그 대표적인 예야.
또, 사람들의 땀샘 근처에 살면서 고약한 냄새와 함께
땀을 몸 밖으로 내보내지.
입에는 나는 지독한 냄새인 '메탄티올'도 내가 만들어.
양치질을 하면 입 냄새를 없앨 수 있어.

우리 박테리아와 사람은 아주 오랜 시간을
상부상조하며 살아왔어.
앞으로도 계속해서 서로 도와주며 살아갈 거야.
우리는 사람보다 먼저 지구에서 살았고,
여러 가지 생명체로 진화되었어.
어쩌면 우리 박테리아와 사람의 조상이 같을 지도 몰라.
생김새는 다르지만 지구에 사는 모든 생명체가
우리 박테리아로부터 진화했다고도 볼 수 있어.
하지만 지금처럼 환경이 계속 파괴되면
살아남기 위해 사람에게 해를 일으킬 수 있어.
그러니까 우리 박테리아와 사람이 함께 살 수 있도록
항상 노력해야 해!

와글와글 과학사전

광합성
식물이 물과 이산화탄소와 햇빛을 이용해 영양분(포도당)을 만드는 것을 말해요. 광합성이 일어날 때, 식물은 산소를 배출하지요. 광합성은 식물뿐만 아니라 미생물도 하지요.

영양 생식
잎이나 뿌리, 줄기 등과 같은 영양 기관으로 번식하는 것을 말해요.

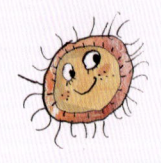

유전 공학자
유전자를 인위적으로 재조합하여 의학 물질, 기능성 물질, 공업 원료 물질 등을 만들어 내는 사람을 말해요.

이분법
박테리아가 번식하는 방법 중 하나예요. 둘로 나뉜다고 해서 이분법이라고 불러요.

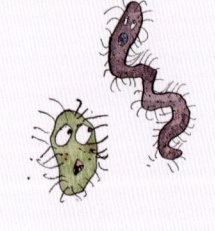

치석
치아의 표면에 쌓이는 석회성 침착물이에요. 치석은 잇몸에 염증을 일으킬 수 있어요. 치석은 양치질로 완전히 없앨 수 없어요. 그래서 정기적으로 치과에 가서 제거해야 해요.

포자
미생물은 열이나 건조함, 화학 물질에 견디기 위해 여러 겹의 막으로 된 포자 구조를 활용해요. 그래서 다양한 미생물에서 포자가 발견되지요.

포자법
포자를 만들어 번식하는 것을 말해요. 곰팡이나 버섯 등이 포자법으로 번식해요.

미생물

크기가 아주 작은 생물을 말해요. 우리가 생활하는 모든 곳에 미생물이 살고 있어요. 미생물은 대부분 사람에게 아무 영향을 끼치지 않아요. 단지 일부 미생물이 사람에게 이롭거나 해롭지요.

박테리아

미생물의 한 종류로, 세균이라고도 불러요. 아주 작아서 맨눈으로는 볼 수 없어요. 공 모양의 구균, 막대 모양의 간균, 나선 모양의 나선균 등과 같이 모양이 다양해요. 사람에게 해를 끼치는 것도 있지만 도움을 주는 박테리아도 있어요.

오존층

해수면을 기준으로 10~50km쯤에 위치해요. 자외선을 흡수해서 지구를 보호하지요. 만약 오존층에서 자외선이 흡수되지 않고 바로 지구 표면으로 오면 많은 생물들이 병에 걸리게 되어요.

이식

생체 조직의 일부나 전부를 떼어 내어 다른 신체 부위에 옮기는 것을 말해요.

자외선

태양에서 나오는 빛의 하나예요. 우리 눈에 보이지 않아요. 자외선은 피부를 검게 타게 만들어요. 자외선을 너무 오래 쬐면 피부가 상할 수 있어요.

출아법

몸의 일부분에서 작은 혹 모양의 싹이 생긴 뒤, 자라나 독립된 개체로 떨어져 나가는 번식법이에요. 말미잘, 해파리 등이 이 방법으로 번식하지요.

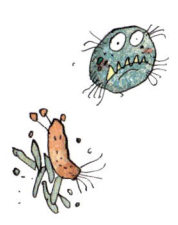

항생제

우리 몸에 있는 나쁜 미생물을 없애는 물질이에요. 최초의 항생제는 페니실린이에요. 항생제는 병을 낫게 해 주지만 잘못 사용하면 발진, 설사 등 여러 가지 부작용이 생길 수 있어요. 그래서 꼭 필요할 때만 사용해야 한답니다.

현미경

사람의 눈으로 관찰할 수 없는 아주 작은 물체나 미생물을 볼 수 있는 기구예요. 현미경은 크게 두 가지로 나뉘어요. 물체에 빛을 비추어 볼록렌즈로 확대시키는 광학 현미경과 광학 현미경으로 볼 수 없는 아주 작은 바이러스까지 관찰할 수 있는 전자 현미경이 있지요.

행복한 아이
파랑새

미생물투성이 책 전 4권

친구일까? 적일까? 너무 작아 우리 눈에 잘 보이진 않지만, 우리가 사는 모든 곳에 존재하는 미생물의 비밀을 파헤쳐 봐요!

 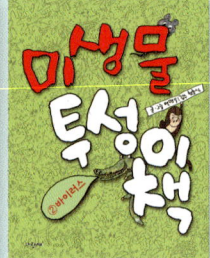  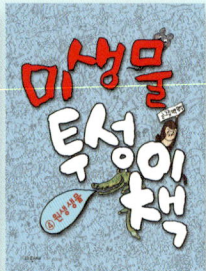

1 박테리아
백명식 글·그림 | 44쪽 | 12,000원

2 바이러스
백명식 글·그림 | 44쪽 | 12,000원

3 곰팡이
백명식 글·그림 | 44쪽 | 12,000원

4 원생 생물
백명식 글·그림 | 44쪽 | 12,000원

냄새 나는 책 전 5권

우리 몸에서 풍기는 구리구리 지독한 냄새들! 냄새에 관한 우리 몸의 비밀을 파헤쳐 봐요!

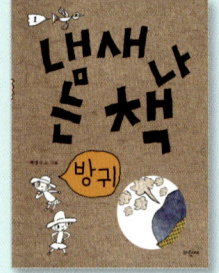   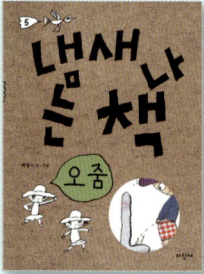 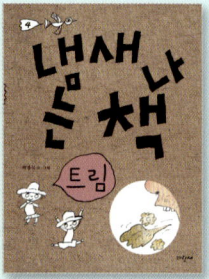

1 방귀
백명식 글·그림 | 40쪽 | 12,000원
★ 조선일보 추천 도서
★ 한우리 추천 도서

2 똥
백명식 글·그림 | 40쪽 | 12,000원
★ 조선일보 추천 도서

3 땀
백명식 글·그림 | 40쪽 | 12,000원
★ 조선일보 추천 도서

4 오줌
백명식 글·그림 | 40쪽 | 12,000원
★ 조선일보 추천 도서

5 트림
백명식 글·그림 | 40쪽 | 12,000원
★ 조선일보 추천 도서

WHAT? 초등과학편

교과서 단원별 과학적 주제를 동화로 읽으면서
교과학습 능력을 보충하고 심화해 나가며, 과학 지식과 창의력을 키워 줍니다.

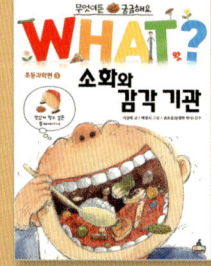 

1 소화와 감각 기관
이상배 글 | 백명식 그림 | 80쪽 | 9,900원

2 지구와 달
유영진 글 | 백명식 그림 | 80쪽 | 9,900원

3 날씨
신혜순 글 | 백명식 그림 | 84쪽 | 9,900원

4 동물 ★ 대교솔루니 선정
조선학 글 | 이육남 그림 | 80쪽 | 9,900원